# 紅茶と楽しむ手づくりケーキ

ティータイムには、紅茶と一緒にいただくあまいお菓子が恋しくなります。
ショートケーキにモンブラン、マドレーヌそして定番のスコーン。
せっかくなら手づくりのお菓子を用意してみてはいかがでしょうか。
手軽に作れる焼き菓子から、ティーパーティーのおもてなしに
ぴったりの本格的なケーキまで、紅茶と相性のいいものを集めてみました。
特に紅茶を使って作るケーキは、味わいがソフトになり
風味がひきたちます。手づくりのケーキで、お友だちやご家族との
楽しいくつろぎのひとときを過ごしてみましょう。

# CONTENTS

**Column◆紅茶の種類**     4

**Part.1　紅茶を使ったお菓子**

| | |
|---|---:|
| 紅茶のマルグリット | 6 |
| 紅茶のロールケーキ | 9 |
| チョコレートケーキ | 12 |
| 紅茶のオレンジケーキ | 16 |
| ピニヨン | 18 |
| 紅茶のマドレーヌ | 20 |
| 紅茶のムース | 23 |
| 紅茶のプリン | 26 |
| 洋梨と紅茶のゼリー | 28 |
| 紅茶のクッキー | 29 |
| チョコレートドーム | 30 |

**Column◆紅茶のおいしい入れ方**     58
    94

## Part.2 紅茶に合うお菓子

| | |
|---|---|
| スコーン | 34 |
| モンブラン | 36 |
| イチゴのショートケーキ | 40 |
| レモンケーキ | 42 |
| ブラウニー | 45 |
| アーモンドタルト | 46 |
| フルーツタルト | 48 |
| エクレア | 50 |
| パリブレスト | 52 |
| タルトタタン | 55 |
| ガレット・ブルトンヌ | 60 |
| ドゥミ・セック | 62 |
| アップルチーズケーキ | 64 |
| バラエティークッキー | 66 |
| シャンパンゼリー | 71 |
| イチゴのムース | 73 |
| レアチーズケーキ | 75 |
| オペラ | 78 |
| ミルフィーユ | 81 |

### 基本の生地の作り方

| | |
|---|---|
| 1. スポンジ生地 | 84 |
| 2. バターケーキ生地 | 86 |
| 3. タルト生地 | 88 |
| 4. シュー生地 | 90 |
| 5. 折り込みパイ生地 | 92 |

本書の内容
・卵はMサイズ、バターは記載がある以外は無塩を使用しています。
・天板で焼くスポンジは、薄型タイプの天板を使用しています。
・ゼラチンは、湯に溶かしたり直接ふり入れて加えるタイプを使用しています。

# 紅茶の種類

紅茶には、生産地やブレンドの仕方によってさまざまな種類があります。なかでもインドの「ダージリン」、中国の「キーマン」、スリランカの「ウヴァ」は味・香りのバランスがよく、世界の三大銘茶といわれ広く知られています。ここでは代表的なものを6種類紹介しましょう。

### アールグレイ（中国）
中国茶をベースにベルガモットの香りをつけた柑橘系のフレーバーティーで、アイスティーにぴったりです。香り高いのでお菓子づくりにも適しています。

### ダージリン（インド）
ヒマラヤ山麓で生産され、摘む季節によって風味が大きく異なります。高貴でフルーティーな香りは「紅茶のシャンパン」と称されるほど。ストレートで味わってほしい紅茶です。

### アッサム（インド）
インドのアッサム地方は世界最大の紅茶産地。深く芳醇な香りと甘くコクのある味わいは、特にミルクティーによく合います。

### ウヴァ（スリランカ）
スリランカで生産されるセイロン紅茶のひとつ。すっとした独特の刺激があり、強い香気ときれのある後味が特徴です。ミルクティーにも向いています。

### キーマン（中国）
中国安徽省で生産。独特なスモーキーな香りが特徴で、プリンス・オブ・ウェールズの名前で、古くからヨーロッパで親しまれてきました。

### ケニア（東アフリカ）
ケニアはアフリカ大陸でも紅茶栽培がさかんな国。すっきりとした渋みとフレッシュなのどごしは、ストレート、ミルク、レモン、どんな飲み方にでも合います

●本書で使用したお菓子

●アールグレイ→紅茶のマルグリット（P6）、紅茶のロールケーキ（P9）、ピニヨン（P18）、紅茶のマドレーヌ（P20）、紅茶のムース（P23）、洋梨と紅茶のゼリー（P28）、紅茶のクッキー（P29）●ダージリン→紅茶のロールケーキ（P9）、紅茶のオレンジケーキ（P16）、洋梨と紅茶のゼリー（P28）、チョコレートドーム（P30）●アッサム→紅茶のマルグリット（P6）、チョコレートケーキ（P12）、チョコレートドーム（P30）●ケニア→紅茶のロールケーキ（P9）

# Part.1

## 紅茶を使ったお菓子

香り高い紅茶の風味を活かしたお菓子です。
生地に煮出した紅茶液を加えたり、
細かくした茶葉を混ぜ込んだり。
紅茶の香りが口いっぱいに広がって、
いつものお菓子もひとあじ変わります。

# 紅茶のマルグリット

マルグリット型で焼き上げた、ふんわりやわらかなスポンジ生地のケーキで、ティータイムをかわいらしく演出しましょう。

# 紅茶の
# マルグリット

## 材料（マルグリット型　1台）

牛乳　80cc
紅茶葉（アッサム、アールグレー）各6g
全卵　100g
砂糖　100g
レモンの皮　1/2個
薄力粉　80g
ベーキングパウダー　1g
紅茶パウダー（アールグレー）3g
　※紅茶葉をミルでひいたもの
バター　35g
ブランデー　30cc
ミモザ　12個

マルグリット型

## 作り方

1. スポンジ生地を作る（P84参照）。牛乳・紅茶葉で紅茶液を作っておく（右記参照）。

2. 全卵に砂糖を加え泡立て1.を少しずつ入れ、レモンの皮をすりおろして加える。

3. 合わせてふるった薄力粉・ベーキングパウダー・紅茶パウダーを2.に加え混ぜ、溶かしバターも加えて混ぜる。

4. 型に流し、オーブンで焼く（170℃―約20分）。

5. 型から出してハケでブランデーをうち、ミモザを飾る。

### 紅茶液の作り方

紅茶液をケーキに加えるときは、葉を開かせ、蒸らしてから使うと、味も香りも引き立ちます。

1. 紅茶葉を少量の熱湯をかけて湿らせ、葉を開かせる（写真）。

2. 1.に熱湯や温めた牛乳を入れ、フタをして約15分置いて蒸らす。

3. キッチンペーパーでこす。

# 紅茶のロールケーキ

なめらかな紅茶ゼリーと白桃のやさしい甘さを、
ふわふわのロールケーキで包みました。

# 紅茶のロールケーキ

## 材料（1本）

**スポンジ生地**（天板1枚）
牛乳　50cc
紅茶葉（ケニア）3g
全卵　150g
バニラエッセンス　適量
砂糖　80g
薄力粉　60g
バター　20g

**ゼリー**
熱湯　250cc
紅茶葉（アールグレイ）5g
グラニュー糖　30g
ゼラチン21　6g
コニャック　5cc
グランマニエ　3cc

**紅茶クリーム**
熱湯　100cc
紅茶葉（ダージリン）20g
生クリーム（45%）300cc
砂糖　30g
コニャック　10cc
バニラエッセンス　適量

白桃（缶詰）ホール2個

天板

## 作り方

**1.** スポンジ生地を作る（P84参照）。牛乳と紅茶葉で紅茶液を作っておく（P8参照）。

**2.** 全卵をときほぐし、バニラエッセンスと砂糖を加えてよく泡立て、薄力粉を合わせる。さらに、1.を加える。

**3.** 2.に溶かしバターを加え、天板に流しオーブンで焼く（190～200℃—6～8分）。

**4.** ゼリーを作る。熱湯と紅茶葉で紅茶液を作っておく（P8参照）。

**5.** 4.を再度あたためグラニュー糖を加え溶かし、ゼラチン21を加えて粗熱を取り、コニャックとグランマニエを加え、バットに流し冷やしかためる（厚さ約1.5cm）。

**6.** 5.を1.5cm幅の棒状にカットする。

**7.** 紅茶クリームを作る。熱湯と紅茶葉で紅茶液を作り（P8参照）、こして30ccとる。

**8.** 生クリームに砂糖を入れ泡立て、7.とコニャック・バニラエッセンスを加え合わせる。

----

**9.** 白桃は1個を12等分しておく。3.のスポンジに8.の紅茶クリームを塗り、6.のゼリーと切った白桃を置き、その上に8.の紅茶クリームを絞り出す（写真ａｂ）。ロール状に巻き（写真ｃ）冷やす。

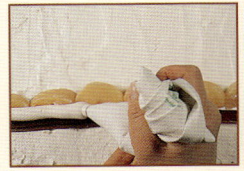
a.

b.

c.

**10.** ロールの表面に8.の紅茶クリームを薄く塗り、その上に片平口金で絞ってデコレーションし（写真d）、上面に6.のゼリーを細かくしたものと白桃を飾る（写真e）。

d.

e.

# チョコレートケーキ

特別な日に作るチョコレートケーキも紅茶の香りをプラスして…
心を込めた手づくりケーキで、素敵な時間を過ごしましょう。

# チョコレートケーキ

## 材料（直径15cmデコ型　1台）

**スポンジ生地**
全卵　100g
バニラエッセンス　適量
砂糖　50g
薄力粉　40g
ココア　10g
バター　10g

**ガナッシュ**
牛乳　60cc
紅茶葉（アッサム）2g
スイートチョコレート　60g
生クリーム（45％）30cc
バター　80g
コニャック　5cc

直径15cmデコ型

水　50cc
グラニュー糖　25g
キルシュ　10cc

フランボワーズジャム　60g
スイートチョコレート　50g
ホワイトチョコレート　50g

## 作り方

**1.** スポンジ生地を作る（P84参照）。全卵をときほぐし、バニラエッセンスと砂糖を加えよく泡立てる。

**2.** 合わせてふるった薄力粉とココアを1.に入れて合わせ、溶かしバターも加える。

**3.** 型に流し、オーブンで焼く（180℃―約15分）。

**4.** ガナッシュを作る。牛乳と紅茶葉で紅茶液を作っておく（P8参照）。

**5.** 4.を再度あたため刻んだスイートチョコレートに加え混ぜ、粗熱を取り、生クリームと合わせる。

a.

**6.** バターをよくホイップした中に5.を入れ（写真a）コニャックも加える。

........................................................

**7.** シロップを作る。水とグラニュー糖を鍋に入れてあたため、冷めたらキルシュを加える。

b.

**8.** 3.のスポンジを8mm×3枚にスライスする（写真b）。

**9.** 1枚目に7.のシロップをうち、6.のガナッシュを塗る（写真c）。2枚目にシロップをうち、フランボワーズジャムを塗り（写真d）3枚目を重ねる。

c. d.

**10.** 全体にガナッシュを塗る（写真e f）。

e. f.

**11.** 中心にハート型を置き、ハートの中にはスイートチョコレートコポ（チョコレートを細かく削ったもの／写真g）、周囲にはホワイトチョコレートのコポをのせる（写真h）。

g. h.

# 紅茶のオレンジケーキ

紅茶入りのパウンドケーキにオレンジの香りをプラス。
プレゼントにもおすすめです。

## 材料(パウンド型 1台)

### オレンジのコンポート
水　300cc
グラニュー糖　150g
オレンジ　2個

### バターケーキ生地
バター　120g
砂糖　120g
全卵　100g
オレンジの果皮　1/2個
紅茶パウダー(ダージリン)　3g
　※紅茶葉をミルでひいたもの(右下写真)
薄力粉　120g
ベーキングパウダー　3g

パウンド型

## 作り方

**1.** オレンジのコンポートを作る(P24作り方1.〜2.参照)。

**2.** バターケーキ生地を作る(P86参照)。バターをクリーム状にし、砂糖を数回に分けて加え合わせる。

**3.** 2.に全卵を少しずつ加え混ぜ、すりおろしたオレンジの果皮を入れて混ぜ、合わせてふるった紅茶パウダー・薄力粉・ベーキングパウダーを加え混ぜる。

**4.** 型に入れ、オーブンで焼く(180℃—約35分)。

**5.** 型から出し、上面に1.のオレンジのコンポートを飾る。

# ピニヨン

ちょっぴりほろ苦いブランデーと
紅茶の香り、松の実がアクセントの
お菓子です。

## 作り方

1. バターケーキ生地を作る（P86参照）。熱湯と紅茶葉で紅茶液を作り（P8参照）90ccとる。煮出した紅茶葉は取っておく。

2. バターをクリーム状にし、塩・ショートニングを合わせてなめらかにし、砂糖を数回に分けて加え合わせる。

3. 2.にハチミツを入れ、全卵を少しずつ入れ、さらに1.を加える。

### 材料（ポプラ型　10個）

**バターケーキ生地**
熱湯　180cc
紅茶葉（アールグレー）3ｇ
バター　175ｇ
塩　1ｇ
ショートニング　75ｇ
砂糖　250ｇ
ハチミツ　30ｇ
全卵　5個
オレンジピール　75ｇ
ラムレーズン　75ｇ
薄力粉　350ｇ
ベーキングパウダー　2ｇ

水　100cc
グラニュー糖　30ｇ
紅茶葉（アールグレー）2ｇ
ブランデー　10cc
松の実　適量
スイートチョコレート　適量

ポプラ型

4. 3.にオレンジピール・ラムレーズン・合わせてふるった薄力粉とベーキングパウダーを加え混ぜ、型に入れ、上面に1.で煮出した後の紅茶葉を飾り、オーブンで焼く（170℃―約30分）。

5. シロップを作る。水とグラニュー糖を鍋であたため、溶けたら紅茶葉を入れ火を止めてフタをし、15分置きこして、粗熱を取りブランデーを加える。

6. 焼き上がった4.に5.を塗り、松の実を飾り、スイートチョコレートを溶かして線描きする。

# 紅茶のマドレーヌ

フランス生まれのシンプルで深い味わいが魅力のお菓子。
紅茶をプラスしてしっとり焼き上げます。

# 紅茶の
# マドレーヌ

## 材料（30個）

バター　200g
牛乳　60cc
紅茶葉（アールグレー）3g
全卵　150g
砂糖　130g
バニラエッセンス　適量
ハチミツ　30g
薄力粉　200g
紅茶パウダー（アールグレー）3g
　※紅茶葉をミルでひいたもの
ベーキングパウダー　5g

フレキシパンマドレーヌ8個用

## 作り方

1. バターを溶かし、焦がしてこす（写真 a b）。

2. 牛乳と紅茶葉で紅茶液を作る（P8参照）。

3. 全卵と砂糖を混ぜ、バニラエッセンス・ハチミツを入れ、よく泡立てる。

4. 3.に2.を入れて混ぜ、合わせてふるった薄力粉・紅茶パウダー・ベーキングパウダーを加え、1.を加えて混ぜたら、冷蔵庫で約1時間休ませる。

5. 4.の生地を冷蔵庫から出し、ゴムベラで軽く混ぜてなめらかにする。フレキシパンの6分目くらいまで生地を入れて約30分室温に放置する。

6. オーブンで焼く（180℃―約10分）。

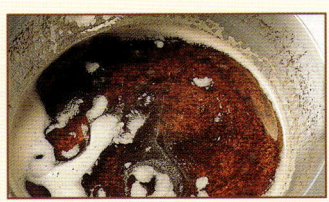

a.

b.

# 紅茶のムース

ゼリーとムースが一度に楽しめる、欲張りなお菓子。
やわらかい口どけで、食後のデザートにもおすすめです。

# 紅茶のムース

### 材料（グラス5個）

**オレンジのコンポート**
水　300cc
グラニュー糖　150cc
オレンジ　2個

**ゼリー**
熱湯　200cc
紅茶葉（アールグレイ）　5g
ゼラチン21　4g
グラニュー糖　20g
コニャック　5cc

**ムース**
熱湯　190cc
牛乳　110cc
紅茶葉（アールグレイ）20g
卵黄　2個
グラニュー糖　50g
ゼラチン21　4g
生クリーム（35%）110cc
バニラエッセンス　適量
トリプルセック　10cc

セルフィーユ　適量

### 作り方

1. オレンジのコンポートを作る。水とグラニュー糖を鍋であたためてシロップを作る。

2. オレンジを3mm厚さの輪切りにして底の平らなバットに重ね並べ1.を注ぎ（写真a）、クッキングシートをかぶせ、天板にのせてオーブンで煮焼きにする（160℃―約30分／写真b）。

a.

b.

**Point**　オレンジのまわりの白い部分が透明になったら、オーブンから出しましょう。

3. ゼリーを作る。熱湯と紅茶葉で紅茶液を作っておく（P8参照）。

4. 3.を再度あたためゼラチン21を入れ溶かし、グラニュー糖を加え溶かし、コニャックを加える。

5. ムースを作る。熱湯・牛乳と紅茶葉で紅茶液を作っておく（P8参照）。

6. 卵黄にグラニュー糖を入れすり混ぜ、5.を加え煮上げ、ゼラチン21を加え、裏ごしして冷ます。

7. 生クリームを泡立て6.と合わせ、バニラエッセンスとトリプルセックを加える。

8. グラスに7.のムースを6分目くらいまで流し、その上にオレンジのコンポートを1枚のせ冷やす。さらにその上に4.のゼリーをグラスの8分目くらいまで流し冷やしかためる。オレンジのコンポートをカットしたものとセルフィーユを飾る。

## 紅茶のプリン

さわやかなアップルティーを使ったプリン。
甘酸っぱいリンゴのコンポートが一層味を引き立てます。

### 材料（ココット型　4個）

#### プリン

牛乳　120cc
紅茶葉（アップルティー）10ｇ
卵黄　6個
グラニュー糖　45ｇ
生クリーム（35％）370cc

#### リンゴのコンポート

リンゴ（紅玉）1個

### 作り方

1. プリンを作る。牛乳と紅茶葉で紅茶液を作っておく（P8参照）。

2. 卵黄をときほぐしグラニュー糖を入れ、少しもったりするまで泡立て、1.と生クリームを加え、室温に約30分置く。

3. 2.を器に入れ、湯を張った深い天板に入れ、オーブンで湯煎焼きする（170℃—約30分）。

4. リンゴのコンポートを作る。リンゴの芯を取り1/2に切り、切り口を下にして熱湯に約5分漬けておく。

5. 厚手の鍋に4.の切り口を上にして入れ、水は入れずフタをしてトロ火で、竹串をさして中まで通るまで蒸し煮する（写真）。

6. 5.の皮を取り、約1cm厚さに切って、3.のプリンの上に飾る。

# 洋梨と紅茶のゼリー

やさしい甘さの洋梨とプルンとした紅茶ゼリーに、クリーミーなソースをプラス。マイルドなデザートになります。

## 材料（グラス4個）

### ゼリー
熱湯　500cc
紅茶葉（アールグレー）4g
　　　（ダージリン）4g
カラギーナン　8g
　※海藻から抽出した凝固剤。なめらかな食感に仕上がります。
グラニュー糖　75g

### アングレーズソース
卵黄　1個
バニラエッセンス　適量
砂糖　20g
牛乳　100cc

洋梨（缶詰）半割2個

## 作り方

1. ゼリーを作る。熱湯と紅茶葉で紅茶液を作っておく（P8参照）。

2. カラギーナンとグラニュー糖を合わせ、1.を入れ溶かし、バットに流し冷やしかためる。

3. アングレーズソースを作る。卵黄にバニラエッセンスと砂糖を入れよく混ぜ、沸騰させた牛乳を入れ、混ぜてこし、弱火で煮る。

4. 2.のゼリーをスプーンですくいグラスに入れ、カットした洋梨を入れ、さらにその上からゼリーを入れる。

5. 3.のソースをかける。

# 紅茶のクッキー

オーソドックスなバニラ生地に紅茶葉を加え、ちょっぴり紅茶の香りがするクッキーに。アイシングでお絵描きして楽しく作りましょう。

## 材料（約30個）

バター　100g
砂糖　80g
全卵　1個
バニラエッセンス　適量
薄力粉　200g
紅茶葉（アールグレイ）3g

卵白　10cc
粉糖　50g
レモン汁　少々
食用色素　適量

## 作り方

1. バターをクリーム状にし砂糖を2～3回に分けて加え、そのつどよくすり合わせる。

2. 1.に全卵を少しずつ混ぜ合わせ、バニラエッセンスを加える。

3. ふるった薄力粉と刻んだ紅茶葉を加え、練らないようにさっくりと混ぜ合わせてまとめ、ラップに包んで冷蔵庫で休ませる。

4. 3.をめん棒で3～4mm厚さに伸ばし、型で抜き（写真）天板に並べ、オーブンで焼く（170～180℃―約15分）。

5. アイシングを作る。卵白に粉糖を加えよく混ぜ、レモン汁を加え色付けする。

6. 4.をアイシングで飾る。

# チョコレートドーム

2種類のチョコレートクリームをチョコレートでコーティングして金箔をトッピング。
ティータイムをおしゃれに演出できるお菓子です。

## 材料
(直径7.5cmドーム型　6個)

### ジョコンド生地（天板1枚）
アーモンドプードル　50g
薄力粉　15g
粉糖　30g
塩　少々
紅茶葉（ダージリン）2g
全卵　70g
卵白　45g
砂糖　30g
バター　10g

### ホワイトチョコレートクリーム
ホワイトチョコレート　100g
生クリーム（35%）100cc
バニラエッセンス　適量

### チョコレートクリーム
牛乳　200cc
紅茶葉（アッサム）10g
生クリーム　50cc
スイートチョコレート　150g
バター　80g
コニャック　15cc

### パータ・グラッセ
スイートチョコレート　50g
コーティングチョコレート　50g
サラダ油　10cc


金箔　適量

## 作り方

1. ジョコンド生地を作る。合わせてふるったアーモンドプードル・薄力粉・粉糖・塩・細かく刻んだ紅茶葉に、全卵を加え、よく泡立てる。

2. 卵白と砂糖を合わせ泡立ててメレンゲを作り、1.に2回に分けて加え、さらに溶かしバターを加える。

3. 2.を天板に流し、オーブンで焼く（200℃―約10分）。

4. ホワイトチョコレートクリームを作る。ホワイトチョコレートを湯煎で溶かし、室温の生クリームに入れて混ぜ、バニラエッセンスを加え、静かに泡立てる。

5. チョコレートクリームを作る。牛乳と紅茶葉で紅茶液を作り（P8参照）、生クリームを入れ、沸かす。

6. スイートチョコレートを刻み5.を入れ、粗熱を取り、クリーム状にしたバターと合わせ、コニャックを加える。

7. パータ・グラッセを作る。スイートチョコレートとコーティングチョコレートを湯煎にかけて溶かし、あたためたサラダ油を加える。

8. ドーム型に4.のホワイトチョコレートクリームを入れ冷やし、上に6.のチョコレートクリームを入れ冷やす。3.のジョコンド生地を型の大きさにカットし、上にかぶせて冷やす。

9. 8.を型から抜き、7.のパータ・グラッセを全体にかけ、金箔を飾る。

# Part.2

# 紅茶に合う お菓子

お気に入りの紅茶をいれるなら、
お菓子も手づくりでこだわりたい。
お菓子に合わせて、ストレートで飲んだり
ミルクティーにしてみたり、
ティータイムを楽しみましょう。

# スコーン

イギリスのティータイムに欠かせないお菓子です。
表面はサクッとし、素朴な味わいが魅力。
やさしい甘さのミルクティーとよく合います。

## 材料（10個）

薄力粉　250g
ベーキングパウダー　5g
砂糖　50g
バター　100g
牛乳　100cc

好みのジャム　適量
クロテッドクリーム　適量

## 作り方

1. 薄力粉・ベーキングパウダー・砂糖を合わせてふるう。
2. 1.にバターを入れドレッジで切り（写真a）、手で混ぜながらそぼろ状にする。
3. 2.に牛乳を入れ、手で混ぜながら生地をまとめ（写真b）、ラップに包み冷蔵庫で約30分休ませる。

**Point** 生地を練ってしまうと、焼き上がりがかたくなるので、注意しましょう。

4. 粉を少しうち3.を2cm厚さに伸ばし、直径5cmの丸型で抜く（写真cd）。
5. オーブンで焼く（170℃―約20分、その後160℃―約10分）。
6. ジャムやクロテッドクリームを添える。

# モンブラン

栗の甘みを上手に活かす、お馴染みのケーキ。
クリームにも飾りにも、栗がたっぷりです。

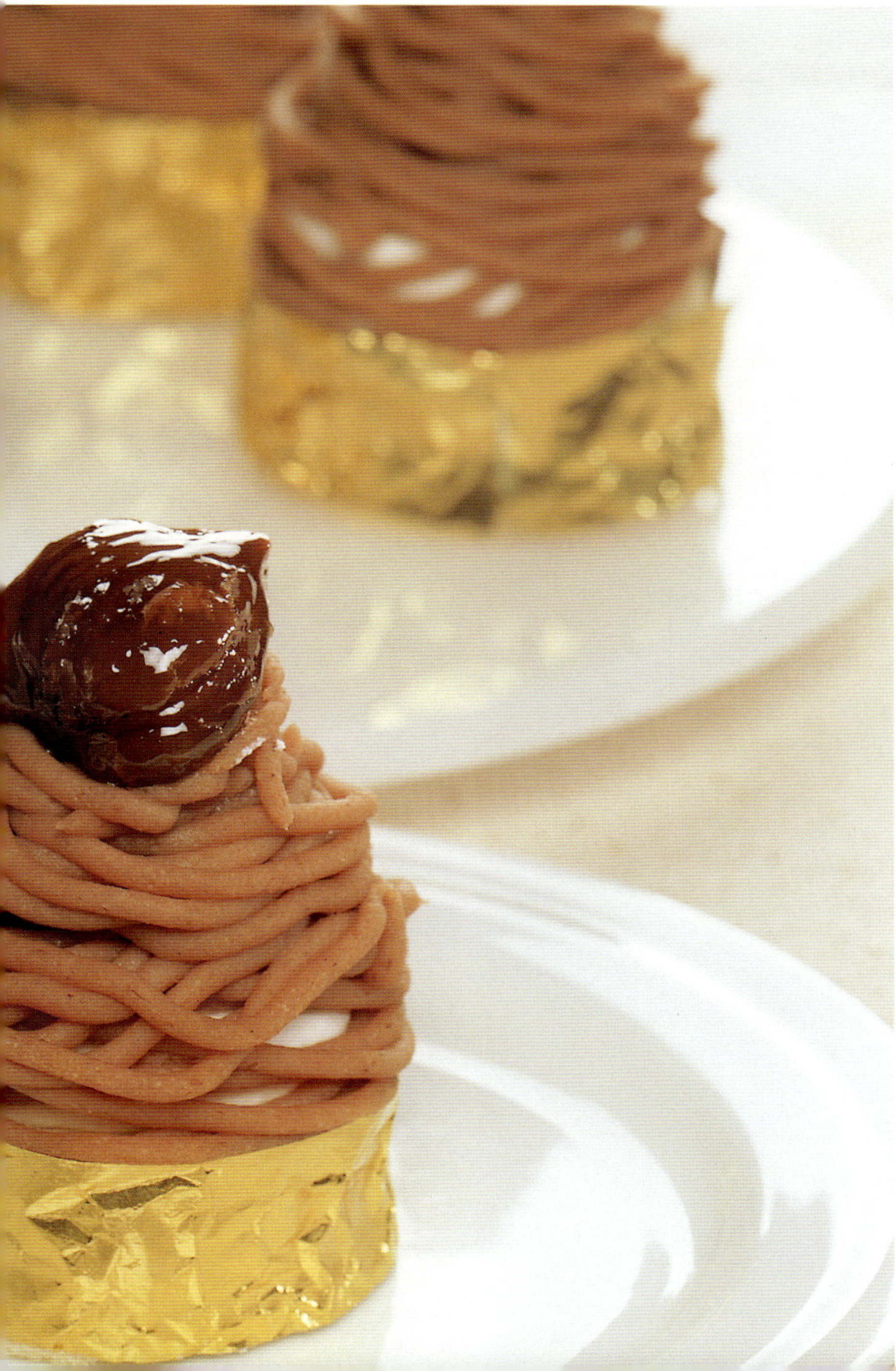

# モンブラン

## 材料（12個）

### スポンジ生地（天板1枚）

全卵　100g
卵黄　1個
砂糖　50g
バニラエッセンス　適量
薄力粉　35g
牛乳　25cc

### クリームシャンティ

生クリーム　200cc
砂糖　16g
バニラエッセンス　適量

### マロンクリーム

マロンペースト　300g
生クリーム　80cc
ブランデー　15cc

水　100cc
砂糖　50g
ブランデー　10cc

栗（刻む）35g
飾り用栗　6粒

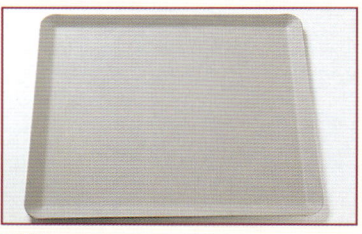

天板

## 作り方

1. スポンジ生地を作る（P84参照）。全卵と卵黄に砂糖とバニラエッセンスを加えしっかり泡立てる。

2. 1.にふるった薄力粉を合わせ、人肌にあたためた牛乳も加える。

3. 天板に流し、オーブンで焼く（190〜200℃—6〜8分）。

**4.** クリームシャンティを作る。生クリームに砂糖とバニラエッセンスを加え、泡立てる。

**5.** マロンクリームを作る。マロンペーストに生クリームとブランデーを加え合わせる。

---

**6.** 水と砂糖を鍋であたためシロップを作り、冷めたらブランデーを加え、3.のスポンジにうち、4.のクリームシャンティを塗り、刻んだ栗を散らし、ロール状に巻いて（写真ａｂ）冷蔵庫で休ませる。

a.

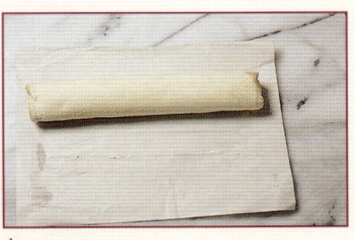

b.

**7.** 6.を12等分してクリームシャンティを絞り、上から5.のマロンクリームをモンブランの口金で絞り出し、半分にした飾り用の栗をのせる（写真ｃｄｅｆ）。

c.

d.

e.

f.

# イチゴのショートケーキ

イチゴのショートケーキは人気ナンバーワン。
イチゴをたくさん飾って、豪華に仕上げました。

## 材料（直径15cmデコ型　1台）

### スポンジ生地
全卵　100g
バニラエッセンス　適量
砂糖　60g
薄力粉　60g
バター　20g

直径15cmデコ型

### クリームシャンティ
生クリーム（45%）200cc
砂糖　16g
バニラエッセンス　適量

水　50cc
グラニュー糖　25g
キルシュ　5cc

イチゴ　30個
ピスタチオ　適量
ナパージュ　適量

## 作り方

1. スポンジ生地を作る（P84参照）。全卵をときほぐしバニラエッセンスと砂糖を加え泡立て、ふるった薄力粉を合わせ、溶かしバターを加え、型に流してオーブンで焼く（180℃―約25分）。

2. クリームシャンティを作る。生クリームに砂糖とバニラエッセンスを加え、泡立てる。

3. 1.のスポンジを1cmと1.5cmの厚さにカットする。

4. 水とグラニュー糖を鍋であたためてシロップを作り、冷めたらキルシュを加え、1.5cm厚さのスポンジにうち、クリームシャンティを塗り、1/2にカットしたイチゴを並べる。1cm厚さのスポンジにシロップをうちのせる。

5. 上面にシロップをうち、全体にクリームシャンティを塗り、イチゴを並べる。

6. ピスタチオをゆで皮をむき1/2にカットし、ナパージュを塗ったイチゴの上に飾る。

# レモンケーキ

レモンたっぷりでさわやかなゼリーと、
クリーミーなレモンクリームのケーキ。
香り高い紅茶とともにどうぞ。

### 材料（角枠小14.5cm×24cm　1台）

**スポンジ生地**（天板1枚）

全卵　100g
レモンエッセンス　適量
砂糖　60g
薄力粉　50g
牛乳　10cc
バター　10g

**レモンクリーム**

卵黄　2個
砂糖　100g
バター　75g
ゼラチン21　6g
湯　42cc
レモン汁　60cc
レモンの皮（すりおろし）1/3個
生クリーム　200cc
コアントロー　15cc

**ゼリー液**

水　150cc
グラニュー糖　60g
ゼラチン21　7g
コアントロー　5cc


水　100cc
グラニュー糖　50g
コアントロー　30cc


レモン　2個

### 作り方

1. スポンジ生地を作る（P84参照）。全卵をときほぐしレモンエッセンスと砂糖を加え泡立て、ふるった薄力粉を合わせる。

2. 牛乳とバターを湯煎にかけ、1.と合わせる。

3. 天板に流し、オーブンで焼く（190～200℃—6～8分）。

4. レモンクリームを作る。卵黄と砂糖をすり合わせ、細かくしたバターを加え、鍋に入れ煮上げる。

5. 4.に溶かしたゼラチン21を加え、レモン汁・すりおろしたレモンの皮を入れ、冷ましてとろみをつける。

6. 8分立ての生クリームと5.を合わせ（写真a）、コアントローを加える。

a.

7. ゼリー液を作る。水とグラニュー糖を鍋に入れ、沸騰させる。ゼラチン21を振り入れて溶かし、粗熱をとりコアントローを加える。

8. 水とグラニュー糖を鍋であたためてシロップを作り、冷めたらコアントローを加える。

b.

9. スポンジを角枠の大きさにカットして入れ、8.のシロップをうち、その上に6.のレモンクリームを半量流す（写真b）。

10. 9.の上にもう1枚のスポンジを置き、シロップをうちレモンクリームを流し、冷やす（写真c）。

c.

11. レモンのスライスを半分に切り、10.の上に並べ、ゼリー液を流して冷やす（写真d）。

12. 枠をはずし、好みの大きさにカットする。

d.

# ブラウニー

アメリカ生まれの素朴なお菓子。
ナッツとチョコレートをたっぷり使って焼き上げます。
ラッピングして素敵なプレゼントに！

## 材料（角枠小 1台）

**バターケーキ生地**

バター　125g
砂糖　50g
塩　1g
バニラエッセンス　適量
全卵　100g
スイートチョコレート　85g
薄力粉　45g
クルミ（ローストする）100g

**ガナッシュ**

牛乳　30cc
生クリーム　20cc
スイートチョコレート　60g
バター　13g

クルミ　適量
ヘーゼルナッツ　適量

角枠小（14.5cm×24cm）

## 作り方

1. バターケーキ生地を作る（P86参照）。バターをクリーム状にし、砂糖を数回に分けて入れ、塩・バニラエッセンスを加える。全卵を少しずつ加え、よく混ぜる。

2. スイートチョコレートを溶かし、粗熱を取り1.に加え混ぜ、ふるった薄力粉を加える。クルミを加えて型に入れ、オーブンで焼く（200℃―約5分、その後180℃―12～15分）。

3. ガナッシュを作る。牛乳と生クリームを沸騰させスイートチョコレートを入れ、なめらかになったらクリーム状にしたバターを加え混ぜる。

4. 冷めた2.の上面に3.のガナッシュを塗って好みの大きさにカットし、クルミとヘーゼルナッツを飾る。

# アーモンドタルト

サクッと芳ばしいタルト生地に、濃厚なアーモンドクリームがよく合い、一段と味をひきたてます。

## 材料（底抜きタルト菊12cm　3台）

### タルト生地
バター　60g
粉糖　40g
塩　少々
全卵　20g
薄力粉　100g

### アーモンドクリーム
バター　100g
グラニュー糖　100g
全卵　2個
バニラエッセンス　適量
アーモンドプードル　100g
ラム酒　15cc

アーモンドスライス　適量
アプリコットジャム　適量
キルシュ　適量
粉糖　適量

底抜きタルト菊

## 作り方

1. タルト生地を作る（P88参照）。バターをクリーム状にし、粉糖と塩を加え、全卵を少しずつ入れ、ふるった薄力粉を合わせてラップに包み、冷蔵庫で休ませる。

2. アーモンドクリームを作る。バターをクリーム状にし、グラニュー糖を入れ、全卵を少しずつ加える。バニラエッセンス・アーモンドプードルを加え混ぜ、ラム酒を加える。

3. 休ませた1.のタルト生地をめん棒で3mm厚さに伸ばして型に敷き、フォークなどで穴をあけ、2.のアーモンドクリームを入れ、表面を平らにする。

4. 3.にアーモンドスライスを飾り、オーブンで焼く（180℃―約20分）。

5. アプリコットジャムをキルシュで溶き、4.に塗る。好みで粉糖を振る。

# フルーツタルト

サクサクとしたタルト生地に、カスタードクリームとフレッシュフルーツがいっぱい。
見ているだけでも楽しくなるケーキです。

## 材料（底抜きタルト菊14cm　2台）

### タルト生地
バター　90g
粉糖　60g
塩　少々
全卵　35g
薄力粉　150g
塗り卵（卵黄1個＋水少々）

### カスタードクリーム
薄力粉　30g
砂糖　50g
卵黄　3個
牛乳　350cc
バニラエッセンス　適量

### クリームシャンティ
生クリーム　100cc
砂糖　8g
バニラエッセンス　適量

季節のフルーツ　適量
ナパージュ　適量
　※果汁とペクチンを混ぜてかためたもの。市販されています。

底抜きタルト菊

## 作り方

**1.** タルト生地を作る（P88参照）。バターをクリーム状にし、粉糖と塩を加え、全卵を少しずつ入れ、ふるった薄力粉を合わせ、ラップに包み冷蔵庫で休ませる。

**2.** 1.をめん棒で3mm厚さに伸ばし、型に敷き込む。

**3.** 2.にフォークで穴をあけ、紙を敷いてストーンをのせ（写真）オーブンで焼く（170～190℃―約15分、その後ストーンを取り除いて内側に塗り卵をし、280℃―2～3分）。

**4.** カスタードクリームを作る。薄力粉に砂糖を合わせ、少量の牛乳と卵黄を加え混ぜ、さらに沸騰した牛乳を加える。

**5.** 4.をこし、煮てバニラエッセンスを加え、3.に流し入れる。

**6.** クリームシャンティを作る。生クリームに砂糖とバニラエッセンスを加え泡立てる。

**7.** 5.の粗熱が取れたら6.を薄く塗り、フルーツを飾り、ナパージュを塗る。

# エクレア

エクレアとはフランス語で稲妻のこと。
パリッと焼き上げたシューに、チョコレートクリームを
詰めました。

## 材料（16cm　20個）

### シュー生地
水　140cc
バター　70g
塩　1g
薄力粉　80g
全卵　3〜4個

### チョコレートクリーム
薄力粉　15g
砂糖　40g
牛乳　200cc
卵黄　2個
スイートチョコレート　30g
ラム酒　10cc

コーティングチョコレート　150g

## 作り方

1. シュー生地を作る（P90参照）。鍋に水・バター・塩を入れ沸騰させ、火からおろし薄力粉を加え合わせ、再び中火にかけ、水分を飛ばし、火からおろす。

2. 全卵を少しずつ加え、完全に混ぜ合わせてから次の卵を加えていく。

3. 1cm丸口金で天板の上に16cmの棒状に絞り出し（写真）霧を吹き、オーブンで焼く（200℃―13〜15分、その後150℃―約8分）。

4. チョコレートクリームを作る。薄力粉に砂糖を合わせ、少量の牛乳と卵黄を加え混ぜ、沸騰した牛乳を加え、こす。

5. 4.を強火で煮て細かく刻んだチョコレートに入れ混ぜ合わせ、粗熱を取り、ラム酒を加える。

6. 3.の底の部分から3mm丸口金で5.のチョコレートクリームを絞り入れる。

7. コーティングチョコレートを湯煎で溶かし、6.の上面につける。

# パリブレスト

フランスのパリとブレストの間で行なわれる自転車レースにちなみ、車輪に似ていることから名付けられたお菓子です。生クリームとイチゴをサンドして、愛らしく仕上げました。

# パリブレスト

## 材料（直径9cm　8個）

### シュー生地
水　140cc
バター　70g
塩　1g
薄力粉　80g
全卵　3～4個
照り卵　全卵1個
アーモンドダイス　適量

### カスタードクリーム
薄力粉　15g
砂糖　40g
牛乳　200cc
卵黄　2個
バニラエッセンス　適量
キルシュ　5cc

### クリームシャンティ
生クリーム　100cc
砂糖　8g
バニラエッセンス　適量

イチゴ　約40粒
粉糖　適量

## 作り方

1. シュー生地を作る（P90参照）。鍋に水・バター・塩を入れ沸騰させ、火からおろし薄力粉を加え合わせ、再び火にかけ、混ぜながら火を通す。

2. 全卵を少しずつ加え、完全に混ぜ合わせてから次の卵を加えていく。

3. 1cm丸口金で天板に円形に絞り（写真a）照り卵を塗りアーモンドダイスを振りオーブンで焼く（200℃―13～15分、その後150℃―約8分／写真b）。

a.　　b.

4. カスタードクリームを作る。薄力粉に砂糖を合わせ少量の牛乳と卵黄を加え混ぜ、沸騰した牛乳を加え、こす。

5. 4.を強火で煮て粗熱を取り、バニラエッセンスとキルシュを加える。

6. クリームシャンティを作る。生クリームに砂糖とバニラエッセンスを加え、泡立てる。

7. 3.を上下半分にカットし、下半分に5.を絞りイチゴをのせ、6.を絞り上半分のシューでフタをする。

8. 上から粉糖を振る。

# タルトタタン

フランスのホテル・タタンの姉妹が、裏返して焼いてしまったことから生まれたといわれるお菓子です。カラメル色に焼き上がったリンゴとサクサクのパイの組み合わせが魅力。

# タルトタタン

## 材料（コモントルテ型16cm　1台）

**パイ生地**
薄力粉　50g
塩　少々
バター（1cm角にカット）35g
冷水　25cc〜

**リンゴのカラメルソテー**
リンゴ（紅玉）4個
グラニュー糖　70g
バター　30g

コモントルテ型

## 作り方

**1.** パイ生地を作る。薄力粉と塩を合わせてふるい、その中にバターを入れてドレッジで米粒大に刻み、冷水を加え、切って重ねを繰り返しながら練らないように生地をまとめ（写真a b c d）ラップに包み、冷蔵庫で約30分休ませる。

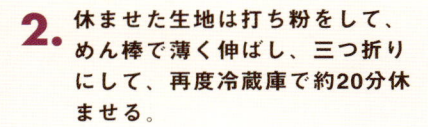

**2.** 休ませた生地は打ち粉をして、めん棒で薄く伸ばし、三つ折りにして、再度冷蔵庫で約20分休ませる。

**3.** リンゴのカラメルソテーを作る。リンゴは皮をむき芯を取り、六つ切りにする。

**4.** 厚手の鍋にグラニュー糖を入れ、強火できつね色に焦がし、その中にバターを溶かしてリンゴを入れ、表面が色づくまでソテーする。

**5.** 型の内側にバター（分量外）を塗りグラニュー糖（分量外）をふり、ソテーしたリンゴを並べる（写真e）。

**6.** 2.の生地を、めん棒で型よりひとまわり大きく伸ばし、5.にかぶせ（写真f）フォークで穴をあけてオーブンで焼く（210℃―約20分）。

**7.** 型に皿を伏せてのせ、裏返して出す。

# 紅茶のおいしい入れ方 その1.

おいしい紅茶を入れるにはルールがあります。といっても、けっしてむずかしいことではありません。ちょっと手間をかけてあげるだけで、紅茶の香りと味がぐんとひきたちます。

## ティーポットで入れる

**1. 汲みたての新鮮な水を沸かす**
紅茶には軟水である水道水が最適です。蛇口を勢いよくひねって、空気をたっぷり含ませましょう。

**2. ティーポットとカップを温める**
ティーポットは丸みのある陶磁器製のものがおすすめです。

### 3. 茶葉を計って入れる

カップ1杯あたり、ティースプーン山盛り1杯（2.5〜3g）。

ティーメジャーなら中盛り1杯。

### 4. 沸騰したての熱湯を
### ティーポットに注ぐ

5円玉くらいの泡がボコボコと出るくらい沸かすのがポイント。お湯の量は1杯あたり150〜160cc。

### 5. ティーポットと
### カップを温める

すぐにふたをして2.5〜3分蒸らす。室温が低いときにはティーコジーをかぶせましょう。

### 6. ティーカップに注ぐ。

茶こしを使って最後の一滴まで出します。ポットをまわしながら注ぐと色・味・香りが均一になります。

# ガレット・ブルトンヌ

フランスのブルターニュ地方の銘菓。
ちょっぴり塩味がきいたサクサクしたお菓子です。

## 材料（セルクル丸小・小判　20個）

バター（有塩）250 g
粉糖　120 g
卵黄　3個
塩　3 g
ラム酒　35cc
バニラエッセンス　適量
ベーキングパウダー　2 g
強力粉　120 g
薄力粉　120 g
アーモンドプードル　120 g

牛乳　50cc
インスタントコーヒー　1 g
卵黄　1/2個

セルクル丸小・小判

## 作り方

1. バターに粉糖を加え混ぜ、卵黄と塩を入れ、ラム酒とバニラエッセンスを加える。

2. 合わせてふるったベーキングパウダー・強力粉・薄力粉・アーモンドプードルを1.と合わせ、冷蔵庫で休ませる。

3. 休ませた生地を1cm厚さに伸ばし、型で抜く。牛乳・インスタントコーヒー・卵黄を混ぜ合わせて塗り、表面に竹ぐしで模様をつけ、型をはめてオーブンで焼く（180℃―約10分／写真ａｂｃ）。

4. 3.の型をはずし、さらにオーブンで焼く（170℃―約10分、その後160℃―約10分）。

a.

b.

c.

# ドゥミ・セック

ひと口サイズのかわいいお菓子。
ナッツやフルーツをトッピングして、バリエーションを楽しみましょう。

## 材料（24個）

アーモンド　120g
グラニュー糖　100g
卵白　20g
アプリコットジャム　25g
ハチミツ　20g
全卵　100g
薄力粉　20g
バター　50g

フレキシパンミニタルト

クルミ・ピーカンナッツ・ヘーゼルナッツ・松の実・いちじく・アプリコット・チェリーなど　各適量
水　50g
グラニュー糖　25g
ラム酒　40cc

## 作り方

1. アーモンドを湯がいて皮をむき、フードプロセッサーにかけ、グラニュー糖と卵白を混ぜる（又は市販のローマジパンを使用）。

2. 1.にアプリコットジャムを入れ、よくすり混ぜ、ハチミツを加える。

3. 2.に全卵を2～3回に分けて加えよく泡立て、薄力粉を合わせ、さらに溶かしバターを加えよく混ぜる。

4. 3.を型に絞り（写真a）、ナッツやフルーツをのせ（写真b）、オーブンで焼く（180℃—15～20分）。

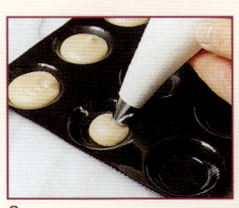

a.

b.

5. 水とグラニュー糖を鍋であためシロップを作り、冷めたらラム酒を加える。

6. 4.が焼き上がったらすぐに、5.のシロップをハケで塗り、型からはずす。

# アップルチーズケーキ

まろやかな舌ざわりとさっぱりとした甘さが魅力のチーズケーキにリンゴをプラスして、味と彩りにアクセントを与えています。

## 材料（オーバル型　1個）

セミドライのリンゴ　30g
カルバドス　適量

### 底生地

ビスケット（甘みの少ないもの）50g
溶かしバター　40g

### チーズクリーム

クリームチーズ　190g
カッテージチーズ（クリームタイプ）110g
ヨーグルト　70g
卵黄　3個
薄力粉　25g
レモン汁　15cc
卵白　2個
砂糖　60g

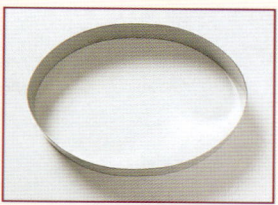

オーバル型

## 作り方

**1.** セミドライのリンゴをキッチンペーパーを敷いた蒸し器に並べ約20分蒸し、ボウルに入れてカルバドスを振りかけ（写真）、5〜6mmにカットする。

**2.** 底生地を作る。フードプロセッサーまたはめん棒でビスケットを砕き、溶かしバターと合わせ、型の底に敷く。

**3.** チーズクリームを作る。クリームチーズをなめらかにし、カッテージチーズを加え、ヨーグルトを入れて、卵黄・ふるった薄力粉・レモン汁の順に加える。

**4.** 卵白と砂糖を泡立ててメレンゲを作り、3.に入れる。

**5.** 2.の生地上に4.のチーズクリーム入れ、上に1.のリンゴをのせ、オーブンで焼く（170℃―約45分）。

# バラエティークッキー

焼き菓子の定番ともいえるクッキーは、何種類も作って、味の違いを楽しみたいものです。
アイスボックスクッキー、絞り出しクッキー、型抜きクッキーの3タイプにココアやナッツを加えて、バリエーションを楽しみましょう。

## アイスボックスクッキー

### 材料

**バニラ生地（200ｇ）**
バター　50ｇ
砂糖　40ｇ
卵黄　1個
バニラエッセンス　適量
薄力粉　90ｇ

**ココア生地（200ｇ）**
バター　50ｇ
砂糖　40ｇ
卵黄　1個
バニラエッセンス　適量
薄力粉　80ｇ
ココア　6ｇ

### 下準備

・卵・バターは室温にもどす。
・薄力粉・ココアは合わせて2〜3回ふるう。

### 作り方

1. バターをクリーム状にし、砂糖を2〜3回に分けて加え、そのつどよくすり合わせる。

2. 卵黄とバニラエッセンスを加える。

3. ふるった粉類（ココア）を加え、練らないように混ぜ合わせてまとめ、ラップに包んで冷蔵庫で休ませる。

アイスボックスクッキー応用1

# チェッカークッキー

## 材料（25〜30枚）

バニラ生地　200g
ココア生地　200g
　※P67参照
卵白　適量

## 作り方

**1.** バニラ生地とココア生地を作り、それぞれをラップに包んで冷蔵庫で休ませる（P67参照）。

**2.** 2種類の生地をそれぞれ同じ大きさの長方形の棒状にし、ハケで卵白を塗って重ねる（写真ａｂ）。

a. 　　　b.

**3.** 2.を縦に1/2に切り（写真ｃ）、一方を上下逆にして卵白を塗って合わせ（写真ｄ）、市松模様にし、ラップに包んで冷蔵庫で1時間以上休ませる。

c. 　　　d.

**4.** 5mm厚さに切り、オーブンで焼く（180℃—約15分／写真ｅ）。

e.

## アイスボックスクッキー応用2
# ツインクッキー

### 材料（25～30枚）

バニラ生地　100g
ココア生地　200g
　※P67参照

### 作り方

1. バニラ生地とココア生地を作り、それぞれをラップに包んで冷蔵庫で休ませる（P67参照）。
2. ココア生地は直径約4cmの棒状に丸め、バニラ生地はめん棒で3mm厚さに伸ばす。
3. バニラ生地でココア生地を包むように巻き込み、継ぎ目をきちんと合わせて、ラップに包んで冷蔵庫で1時間以上休ませる。
4. 5mm厚さに切り、オーブンで焼く（180℃─約15分）。

## アイスボックスクッキー応用3
# マーブルクッキー

### 材料（25～30枚）

バニラ生地　200g
ココア生地　100g
　※P67参照

### 作り方

1. バニラ生地とココア生地を作り、それぞれをラップに包んで冷蔵庫で休ませる（P67参照）。
2. 2種類の生地をちぎって重ねマーブル状になるように混ぜ合わせ、直径約4cmの棒状にしてラップに包み、冷蔵庫で1時間以上休ませる。
3. 5mm厚さに切り、オーブンで焼く（180℃─約15分）。

## アイスボックスクッキー応用4
# チェリークッキー／
# アーモンドココアクッキー

### 材料（各約20枚）

**チェリークッキー**
ドレンチェリー　10粒
バニラ生地　200g
　※P67参照
グラニュー糖　適量

**アーモンドココアクッキー**
アーモンドスライス　30g
ココア生地　200g
　※P67参照
グラニュー糖　適量

### 作り方

1. ドレンチェリーは洗って水気を切り、細かく刻んでおく。アーモンドスライスはオーブンで空焼きする（150℃─約10分）。
2. バニラ生地とココア生地を作り、それぞれをラップに包んで冷蔵庫で休ませる（P67参照／薄力粉を加える前に、バニラ生地にはドレンチェリー、ココア生地にはアーモンドスライスを合わせる）。
3. それぞれを直径約4cmの棒状にしてラップに包み、冷蔵庫で1時間以上休ませる。
4. 5mm厚さに切り、グラニュー糖をまぶし、オーブンで焼く（180℃─約15分）。

## 絞り出しクッキー　ローズクッキー

### 材料（約25枚）

バター　80g
砂糖　80g
全卵　1個
レモン汁　5cc
レモンの皮　1/2個
薄力粉　140g
コーンスターチ　20g
ドレンチェリー　適量
チョコチップ　適量
アーモンドスライス　適量

### 作り方

1. バターをクリーム状にし、砂糖を2〜3回に分けて加え、そのつどすり合わせる。

2. 全卵を少しずつ加えレモン汁・レモンの皮のすりおろしを加える。

3. 合わせてふるった薄力粉とコーンスターチを加え合わせ、絞り袋に入れて天板に絞り、ドレンチェリー・チョコチップ・アーモンドスライスを飾り、オーブンで焼く（180℃―約15分）。

## 型抜きクッキー　ハーブクッキー

### 材料（20〜25枚）

バター　80g
砂糖　40g
卵黄　1個
レモンの皮　1/4個
塩　少々
薄力粉　150g
乾燥バジル　1g

### 作り方

1. バターをクリーム状にし、砂糖を加えすり合わせる。

2. 卵黄を少しずつ加え、レモンの皮のすりおろし・塩を加える。

3. ふるった薄力粉と乾燥バジルを合わせ2.に加え、生地をまとめて、ラップに包んで冷蔵庫で休ませる。

4. 3.を3mm厚さに伸ばし型抜きし、オーブンで焼く（180℃―約15分）。

# シャンパンゼリー

シャンパングラスに浮かんだ気泡とマスカットが、
さわやかな大人のデザートです。

# シャンパンゼリー

## 材料（シャンパングラス5個）

水　500cc
グラニュー糖　100g
レモンの皮　1/4個
ゼラチン21　15g
レモン汁　10cc
シャンパン　40cc
マスカット（缶詰）10粒

### Point
3.ではマスカットが浮かばないように、何回かに分けてゼリー液を注ぎます。ただし、あまりかため過ぎてから次のゼリー液を注ぐと、層ができてしまうので注意しましょう。

## 作り方

**1.** 鍋に水・グラニュー糖・レモンの皮を入れて沸騰させ、レモンの皮を取り出しゼラチン21を加え、溶かしてこす。

**2.** 1.の粗熱を取り、レモン汁を加えシャンパンを入れる。

**3.** 2.を冷やしとろみがついたら軽く混ぜ泡を作り、シャンパングラスに少量入れ、少しかたまったところでマスカットを1粒入れ、さらにゼリー液を注ぎ冷やしかためる。これを2回繰り返す。

---

シャンパンゼリーに添える、軽い焼き菓子

# チュイール

## 材料（約18枚）

バター　30g
粉糖　30g
卵白　30g
薄力粉　30g
アーモンドスライス　40g

## 作り方

**1.** バターをクリーム状にして粉糖を加えすり合わせ卵白を少しずつ加える。ふるった薄力粉とローストしてくだいたアーモンドスライスを順に合わせる。

**2.** 1.の生地を直径約5cmの円に薄く伸ばし、オーブンで焼く（170℃―7〜8分／写真a）。

**3.** 2.を焼き上げたらすぐにトヨ型に入れ、カールさせる（写真b）。

a.　b.

# イチゴのムース

イチゴの甘いゼリーと、軽い口当たりのムースのハーモニーが楽しめます。

# イチゴのムース

## 材料（グラス5個）

イチゴ　約600g
※ピュレにしてゼリーで250g、ムースで300g使用

### ゼリー
水　50cc
砂糖　25g
イチゴのリキュール　10cc
レモン汁　10cc
ゼラチン21　3g
湯　21cc

### クリームシャンティ
生クリーム（45％）50cc
砂糖　4g
バニラエッセンス　適量

### ムース
生クリーム　150cc
砂糖　20g
卵白　1個
シロップ（グラニュー糖30g＋水少々）
レモン汁　5cc
ゼラチン21　4g
湯　28cc

ミント　適量

## 作り方

1. イチゴはヘタをとって裏ごし、またはフードプロセッサーにかけてピュレにし、250gと300gに分ける。

2. ゼリーを作る。水と砂糖を鍋であたためシロップを作り30cc取り、1.のイチゴピュレ250g・イチゴのリキュール・レモン汁を合わせる。

3. ゼラチン21を溶かし、2.に加える。

4. ムースを作る。生クリームに砂糖を加え8分立てにし、1.のイチゴピュレ300gを加える。

5. グラニュー糖に少々の水を加え煮詰める。この間に卵白を泡立て、煮詰めたシロップを加えながらさらに泡立て、イタリアンメレンゲを作る。

6. 4.に5.を2回に分け加え合わせ、レモン汁・溶かしたゼラチン21を混ぜ合わせる。

7. グラスを斜めにし、3.のゼリーを流し、冷やしかためる。

8. 7.がかたまったらグラスを逆側に斜めに傾け、6.のムースを流し、冷やしかためる（写真）。これを2回繰り返す。

9. 生クリームに砂糖とバニラエッセンスを加え泡立てクリームシャンティを作り、8.の中心に絞り出し、ミントを飾る。

# レアチーズケーキ

甘酸っぱいクリームチーズにオレンジを加えて、さわやかに仕上げました。

# レアチーズケーキ

## 材料（角枠小14.5cm×24cm　1台）

### 底生地
グラハムクラッカー　50g
バター　35g

### チーズクリーム
クリームチーズ　170g
砂糖　35g
牛乳　35cc
ゼラチン21　6g
湯　42cc
オレンジ皮　2個
オレンジ果汁　80cc
レモン汁　10cc
生クリーム（35%）150cc
コアントロー　15cc

### クリームシャンティ
生クリーム　50cc
砂糖　4g
バニラエッセンス　適量

セルフィーユ　適量

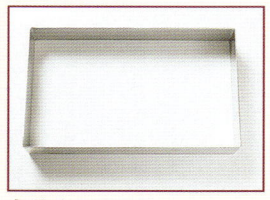

角枠小

## 作り方

**1.** 底生地を作る。フードプロセッサーまたはめん棒でグラハムクラッカーを細かく砕く。

**2.** バターをクリーム状にし、1.を加えよく混ぜる。

**3.** 角枠の底に2.を厚さが均等になるように敷きつめる（写真a）。

a.

**4.** チーズクリームを作る。クリームチーズをなめらかにし、砂糖を入れて混ぜ、牛乳・湯で溶かしたゼラチン21・すりおろしたオレンジの皮・果汁・レモン汁を加え、冷やしてとろみをつける。

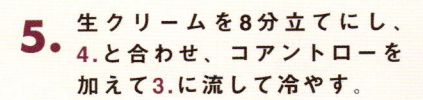

**5.** 生クリームを8分立てにし、4.と合わせ、コアントローを加えて3.に流して冷やす。

**6.** クリームシャンティを作る。生クリームに砂糖とバニラエッセンスを加え、6〜7分立てにする。

b.

**7.** 5.の角枠をはずし6.のクリームシャンティを塗り（写真b）、冷やして縦半分にカットする。

**8.** 上面に丸口金（直径5mm）で斜め模様に絞り出し（写真c）セルフィーユを飾る。

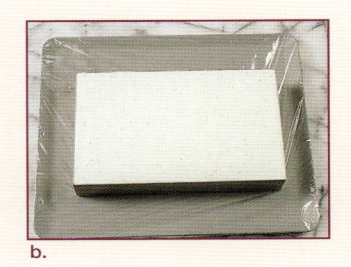

c.

77

# オペラ

パリのオペラ座界隈の菓子店が作ったのが始まりとされている、フランスを代表するチョコレートケーキの逸品です。

## 材料（14cm×12cm　2台）

### ジョコンド生地（天板2枚）

アーモンドプードル　130g
薄力粉　20g
粉糖　110g
全卵　3個
卵白　60g
砂糖　10g
バター　25g

### コーヒークリーム

グラニュー糖　50g
水　25cc
全卵　1個
バター　100g
インスタントコーヒー　2g
コーヒーリキュール　10cc

### ガナッシュ

生クリーム（45%）100cc
スイートチョコレート　100g
ブランデー　15cc

### パータ・グラッセ

スイートチョコレート　50g
コーティングチョコレート　50g
サラダ油　20cc

### コーヒーシロップ

グラニュー糖　70g
水　140cc
インスタントコーヒー　4g
コーヒーリキュール　40～50cc


金箔　適量

## 作り方

1. ジョコンド生地を作る。合わせてふるったアーモンドプードル・薄力粉・粉糖に全卵を加え、よく泡立てる。

2. 卵白と砂糖を合わせ泡立てメレンゲを作り、1.に2回に分けて加え、さらに溶かしバターを加える。

3. 2.を天板に流し、オーブンで焼く（200℃―約10分）。

4. コーヒークリームを作る。グラニュー糖と水を118℃に煮詰めシロップを作り、全卵に加え、よく泡立てる。

5. ホイップしたバターと4.を合わせ、インスタントコーヒーをコーヒーリキュールで溶き、加える。

6. ガナッシュを作る。生クリームを沸騰させ、刻んだスイートチョコレートに入れブランデーを加える。

7. パータ・グラッセを作る。チョコレートを湯煎にかけて溶かし、温めたサラダ油を加える。

8. コーヒーシロップを作る。グラニュー糖と水をあたため、インスタントコーヒーをコーヒーリキュールで溶き、加える。

9. 3.を4等分にカットして、各々に8.のシロップをうつ（写真a）。

a.

10. ジョコンド→コーヒークリーム→ジョコンド→ガナッシュの順に2回ずつ重ねる。

11. 上面に7.のパータ・グラッセを流す（写真b）。

12. 好みの大きさにカットし、金箔を飾る。

b.

# ミルフィーユ

フランス語で千枚の葉っぱという意味のお菓子です。
軽い食感のパイ生地にクリームとイチゴをサンドしました。

# ミルフィーユ

## 材料(1台)

### 折り込みパイ生地

薄力粉　180g
強力粉　120g
塩　3g
バター　50g
冷水　130cc
バター　200g

### カスタードクリーム

薄力粉　20g
砂糖　40g
牛乳　200cc
卵黄　2個
洋酒　10cc

### クリームシャンティ

生クリーム　100cc
砂糖　8g
バニラエッセンス　適量

アプリコットジャム　適量
イチゴ　約1/2パック
粉糖　適量

※上記のパイ生地の分量は、基本の折り込みパイ生地と同量ですが、このページで使用するのはその半分です。残り半量は1.の後、冷凍保存も可能ですので、リーフパイなどにするのもおすすめです。

## 作り方

**1.** 折り込みパイ生地を作り（P92参照）約30分休ませ、2等分する（写真a）。

**2.** 生地を2mm厚さに伸ばし、天板に敷きフォークで穴をあけて（写真b）さらに30分休ませる。

**3.** オーブンで焼く（200℃─約10分、その後180℃─約10分）。

**4.** カスタードクリームを作る。薄力粉に砂糖を合わせ、少量の牛乳と卵黄を加え混ぜ、さらに沸騰した牛乳を加える。

**5.** 4.をこして煮て、粗熱を取って洋酒を加える。

**6.** クリームシャンティを作る。生クリームに砂糖とバニラエッセンスを加え、泡立てる。

**7.** 3.を帯状に3等分にカットし、下から生地→アプリコットジャム→4.のカスタードクリーム→カットしたイチゴ→クリームシャンティの順に2回繰り返し、最後に生地をのせ（写真cde）、上から粉糖を振る。

a.

b.

c.

d.

e.

# 基本の生地の作り方

おいしいケーキ作りは、土台となる生地作りから。
ここではこの本で使う生地の中から5種類を紹介します。
基本となる作り方の流れをマスターしましょう。

## 基本の生地 1. スポンジ生地

スポンジ生地の作り方には卵の泡立て方の違いにより、共立て法と別立て法があります。ここでは、きめ細かくしっとりと焼き上がる共立て法を紹介します。

### スポンジ生地を使うケーキ

紅茶のマルグリット（P6）、紅茶のロールケーキ（P9）、チョコレートケーキ（P12）、モンブラン（P36）、イチゴのショートケーキ（P40）、レモンケーキ（P42）

### 材料（直径15cmデコ型　1台）

全卵　100g
バニラエッセンス　適量
砂糖　60g
薄力粉　60g
バター　20g

### 下準備

・型の底と側面にパラフィン紙を敷く。
・卵を室温に戻す。
・薄力粉を2〜3回ふるう。
・バターを湯煎にかけて溶かす。

## 作り方

**1.** 全卵をときほぐし、バニラエッセンスと砂糖を加えて泡立てる。

**2.** 薄力粉を加え、ボウルを回しながらヘラで底から上へとすくっては返し、混ぜる。

**3.** 溶かしバターと合わせて混ぜる。

**4.** 型に流し入れ、オーブンで表面全体に焼き色がつく程度に焼く(180℃—約25分)。

**5.** 型から出し、紙をはずして冷ます。

| 基本の生地 | 2. |

# バターケーキ生地

バターをたっぷり使ったコクのあるケーキ。その代表ともいえるパウンドケーキはバター・砂糖・卵・粉を同量ずつ使ったケーキです。

### バターケーキ生地を使うケーキ
紅茶のオレンジケーキ（P16）、ピニヨン（P18）、ブラウニー（P45）

### 材料（パウンド型　1台）

バター　100g
砂糖　100g
全卵　100g
バニラエッセンス　適量
薄力粉　100g
ベーキングパウダー　2g

### 下準備

・薄力粉とベーキングパウダーを合わせ、2〜3回ふるう。
・卵とバターを室温に戻す。
・型に紙を敷く。

### 作り方

**1.** 柔らかくしたバターをよく混ぜ、クリーム状にする。

**2.** 砂糖を2～3回に分けて加え、そのつどよく混ぜ、バターが白っぽくなるまでよく混ぜる。

**3.** 全卵をときほぐし、少しずつ加えよく混ぜ、バニラエッセンスを加える。

**4.** 薄力粉とベーキングパウダーを加え、練らないように混ぜる。

**5.** 型に流し込み、型ごと軽く落として余分な空気を抜く。

**Point** 果皮などを加える場合は、3.の後に加えましょう。

## 基本の生地 3.

# タルト生地

フランスではパート・シュクレと呼ばれます。
甘みがある生地を薄く伸ばしてタルトの土台にします。

### タルト生地を使うケーキ
アーモンドタルト（P46）、フルーツタルト（P48）

### 材料（約300g）

バター　90g
塩　少々
粉糖　60g
全卵　35g
薄力粉　150g

### 下準備

・薄力粉を2〜3回ふるう。
・卵とバターを室温に戻す。

## 作り方

**1.** バターをよく混ぜてクリーム状にし、塩を加え粉糖を数回に分けて加え合わせる。

**2.** 全卵をときほぐして数回に分け加え、混ぜ合わせる。

**3.** ふるった薄力粉を加え、練らないようにして混ぜる。

**4.** 全体に水分が行き渡ったら、台の上に出し、ひとまとめにしてラップに包み、冷蔵庫で休ませる。

**5.** 休ませた生地は、打ち粉をしてめん棒で伸ばし、型の大きさに合わせて敷く。

## 基本の生地 4.

# シュー生地

シューとはフランス語でキャベツという意味。
中が空洞になるように、ふっくら焼き上げましょう。

**シュー生地を使うケーキ**
エクレア（P50）、パリブレスト（P52）

### 材料（約300g）

水　140cc
バター　70g
塩　1g
薄力粉　80g
全卵　3〜4個

### 下準備

・薄力粉を2〜3回ふるう。
・卵を室温に戻す。

### 作り方

**1.** 鍋に水・バター・塩を入れ、完全に沸騰させる。

**2.** 沸騰したら火から下ろし、薄力粉を加え手早く混ぜ、再び火にかけ中火で水分を飛ばすように、混ぜながら火を通す。

**3.** 3個分ときほぐした全卵を少しずつ加え、そのつど混ぜ合分わせ、最後の1個は生地のかたさを確認しながら少しずつ加える。

**Point** ヘラで生地をすくってみて、ゆっくりと、三角形になって落ちる状態がよい。

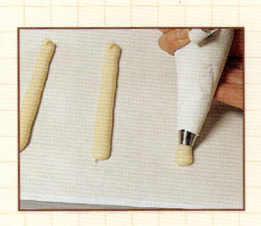

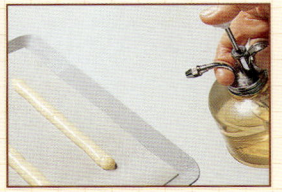

**4.** 絞り袋に入れ、天板に絞り出し、霧を吹き、オーブンで焼く。

**Point** 焼いている途中でオーブンは開けないこと。

## 基本の生地 5.
# 折り込みパイ生地

パイには折り込みパイと練り込みパイがあります。
折り込みパイは薄い層が幾重にも重なり、はらはらとした軽い口当たりになるのが特徴です。

### 折り込みパイ生地を使うケーキ
ミルフィーユ（P81）

### 材料（約550ｇ）

薄力粉　180ｇ
強力粉　120ｇ
塩　3ｇ
バター　50ｇ
冷水　130cc
バター　200ｇ

### 下準備

・薄力粉と強力粉を合わせてふるい、冷やす。
・200ｇのバターはふきんではさんでめん棒で薄く伸ばし（写真）、15cm×15cmの正方形に整えて冷やす。

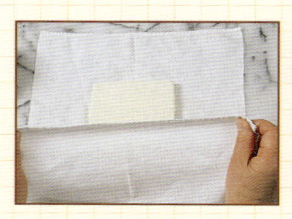

## 作り方

1. 薄力粉・強力粉・塩にバター（50g）を合わせ、冷水を加え、カードで軽く混ぜながらひとまとめにし、ナイフで十文字に切り込みを入れ、ビニール袋で包み、冷蔵庫で休ませる。

2. 下準備で冷やしておいたバター（200g）を、1.の生地と同じくらいのかたさにしておく。

3. 休ませた生地を切り込みから四方に押し広げ、めん棒で伸ばし、バターを包み合わせ目をつまんで止める。

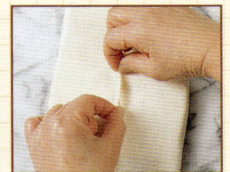

4. 打ち粉をして、めん棒を上下に動かしながら、厚さ2mm、幅40cmの長方形に伸ばす。

5. 途中、冷蔵庫で休ませながら、3つ折り→4つ折りを、2回繰り返す。

## column

# 紅茶のおいしい入れ方　その2.

手軽なティーバッグもひと手間かけるとおいしくなります。お湯の沸かし方とカップを温めることはティーポットの場合と同様です。

### ティーバッグで入れる

**1. カップに お湯を注ぐ**

このとき、ティーバッグにお湯を直接かけないようにするのがポイント。

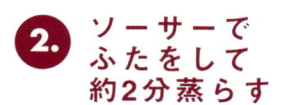

**2. ソーサーで ふたをして 約2分蒸らす**

**3. ティーバックは 静かに引き上げる**

引き上げるときに2〜3回揺り動かすと紅茶の濃さが均一になります。

手づくり総合教室
**ホームメイド協会**
「手づくり」と「食の安全と健康」をモットーに、無添加のパン作りをはじめ、ケーキ、クッキング、和菓子などの総合手づくり教室を全国で展開。パン作りについては特許をもつ製法を確立。手づくりの普及とともに、新メニューの開発にも取り組み、食生活について多彩な提案を行なっている。

＜ホームメイド協会の主な講座＞
パンコース
ケーキコース
和菓子コース
シュガークラフトコース
ホームクッキングコース
フラワーデザインコース
工芸パンコース
ベジタブル＆フルーツカービングコース
パスタコース
ハートフルラッピングコース
チョコレート菓子コース
マジパン細工コース
天然酵母パンコース

監　修　　灘吉利晃
スタッフ　野村秀俊　　　　川口篤子
　　　　　内山雅子　　　　蓮見陸子
　　　　　宍戸佐知子　　　永尾美恵子
　　　　　菅野陽子　　　　桑原久美
　　　　　清水紀子

装丁／デザイン　阿部　靖
撮影　　石塚　英夫

―手軽な焼き菓子からミルフィーユまで―
**紅茶と楽しむ手づくりケーキ**
2004年4月30日　第1刷発行
2004年8月30日　第2刷発行

編　者　ホームメイド協会
発行者　三浦　信夫
発行所　株式会社　素朴社
　　　　〒150-0002　東京都渋谷区渋谷1-20-24
　　　　電話：03（3407）9688　FAX：03（3409）1286
　　　　振替　00150-2-52889
印刷・製本　壮光舎印刷株式会社

ⓒ 2004　ホームメイド協会、Printed in Japan

乱丁・落丁本は、お手数ですが小社宛お送り下さい。送料小社負担にてお取替え致します。
ISBN 4-915513-81-5 C2377　　価格はカバーに表示してあります。

## 素朴社の本

# あぐり流
# 夫婦関係
# 親子関係

しなやかに生きて96歳

**吉行あぐり**　四六判上製、定価：本体1,400円＋税

　15歳で結婚した夫・エイスケさんは、遊び人。そのエイスケさんは、あぐり33歳のとき、3人の子どもを残して急逝してしまう。そして子連れ同士での再婚……。
　二人の芥川賞作家と一人の女優を育て、96歳の今も現役美容師として活躍するあぐりさんの、ほど良い家族関係とは⁉

---

女性たちの圧倒的支持を受けている「女性専用外来」と頼れる各科の女性医師たちを紹介。

# 女性のための
# 安心医療ガイド

女性のクオリティ・オブ・ライフを考慮に入れた医療に積極的な施設や新しい女性医療を目指す病院・女性医師を紹介する好評のガイド・ブック。

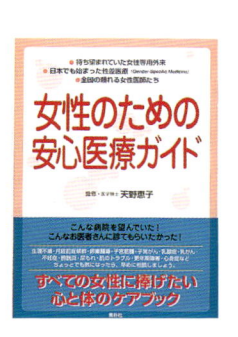

医学博士 **天野恵子** 監修
A5判／定価：本体1,400円＋税

---

# ドクター・オボの
# こころの体操

あなたは自分が好きですか

オボクリニック院長 **於保哲外**　四六判 上製／定価：本体1,500円＋税

　対人関係や社会との関わりは、自分自身をどう見るか、自分をどこまで評価できるかという「自分関係」で決まると著者は語る。
　「人間を診る」医療を心がけている著者のユニークな理論と療法は、こころと体を元気にしてくれる。